거미줄에 걸린 햇살

이 시집은 한국예술인복지재단에서 예술인창작 안전망을 구축하고자
선정한 창작준비금지원사업인 창작디딤돌 기금으로 발간되었습니다.

염정금 디카시집
거미줄에 걸린 햇살

인쇄 | 2025년 4월 5일
발행 | 2025년 4월 10일

글쓴이 | 염정금
펴낸이 | 장호병
펴낸곳 | 북랜드
    04556 서울 강남구 퇴계로41가길 11-6, JHS빌딩 501호
    41965 대구 중구 명륜로12길 64(남산동)
    대표전화 (02)732-4574, (053)252-9114
    팩시밀리 (02)734-4574, (053)252-9334
    등록일 | 1999년 11월 11일
    등록번호 | 제13-615호
    홈페이지 | www.bookland.co.kr
    이-메일 | bookland@hanmail.net

책임편집 | 김인옥
기   획 | 전은경
교   열 | 서정랑

ⓒ 염정금, 2025, Printed in Korea
저자와의 협의하에 인지를 생략합니다.

ISBN 979-11-7155-124-8 03810
ISBN 979-11-7155-125-5 05810 (e-book)

값 12,000원

거미줄에 걸린 햇살

염 정 금
YEOM JEONG GEUM

북랜드

시인의 말

빗장 걸고 은밀하게 드나들며
홀로 잣던 詩 실
홍매화로 繡 놓여
빗장 풀고 세상을 향했다.

이제 혼자만의 시가 아닌
世人들에게 다가갈 시
만개하면 떨어져야 할 꽃의 痛點처럼
가슴이 저리고 아프다

그러나
푸근한 추억을 절절한 그리움을
깊은 반성을 일깨우는
분분한 낙화이길…

2025년 새봄

염 정 금

차례

• 시인의 말

10 첫눈
11 가시연
12 고구마꽃
14 고독
15 어찌 외면하리오
16 신설
17 삽자루의 변신
18 사랑의 결실
20 노을
21 코스모스
22 무광의 꿈
24 꽃무릇
25 풍경
26 희망 노래
27 폭염
28 시인의 눈
29 비상

30	희망의 노래
31	다시 봄
32	운명
33	근원을 읽는다
34	시의 봄
35	구절초
36	서리꽃
38	생명성
40	봄날의 소묘
42	나뭇잎 눈 밝히다
44	까치밥
46	일출
48	봄동의 노래
50	약동
52	하늬바람에 할미꽃 피어난다
54	등 굽은 그림자 연서를 읽다
56	그 자리 그 모습

58 　사상누각에 얼비친 청개구리 우매
60 　한 치 더 휘어지는 시간
62 　흙살의 노래
64 　지상을 떠나 별이 되는 시간
66 　에스프레소는 나를 시험한다
68 　텃밭공화국
70 　소통
72 　生의 書
74 　이젠 시들해졌나 봐
76 　늦가을 서정을 노래하다
78 　거름
80 　여름 끝자락 노래
82 　해다! 말갛디말간 햇살
84 　잉걸불
86 　꽃
88 　수평의 바다를 만나고 싶다
90 　여름 일기

92　무지개떡
94　머리를 감으며
96　앵두
98　사골국에 만 밥
100　늙은 애호박의 꿈
102　거꾸로 가는 시계
104　봄비가 여는 봄
106　가을 산을 데우다
108　복사꽃이 되는 날
110　나나니벌로 휘돌다
112　연산홍
114　함평
116　장꽃
118　유리창을 닦으며
120　그늘
122　풀린다는 것은 소통이다

|에필로그| 스쳐 지나는 것에 시선을 두고,
　　　　　그 찰나를 담아 시로 운율하다 … 124

첫눈

하늘에서 보낸 하얀 서신
도돌이표 음계로
되짚어 읽노라니
너. 나 가르는 세상
잠재우는 중이란다

가시연

자, 멍석
깔아놓았으니
세상 이야기
결판지게
풀고들 가시게나

고구마꽃

둔덕은 꽉 차

고랑으로 밀려난 줄기

젖니 같은 뿌리 내리고

꽃 나팔 불어대며

SOS를 치는구나

고독

내 안의 자아
다 내려놓고
허수로 사는 일상
편안하긴 하여도
늘 고개 숙인 고독이다

어찌 외면하리오

울 넘어
붉은 정념 전하는
널, 너를
차마 외면할 수 없어
모바일 폰에 새겨 넣는다

신설

조용하던 집들 두런거리고
토종닭 삶는 내음
골목 휘도는 설
잠적의 시간에 머문 폐가
신설 찾아와 고적을 감싼다.

삽자루의 변신

이제
발전이란 노동을 접고
푸른 반구 신음에
귀 기울이기 위해
등받이가 되어야 할 때

사랑의 결실

나의 푹신함에

타오르는 열정을 더해 봐

겉. 바. 속. 촉

마시멜로와 모닥불의 사랑

어스름 달빛도 기웃거린다

노을

저녁노을 질 때까지
해변 모래성을 쌓으며
꿈꾸는 두 아이
발길 멈추고 회한에 잠긴
저 노을 빛 서러움을 알까

코스모스

지상에선
위로만 솟구친 볼품없는 멀대
하늘 아래 선
갈바람에도 하늘대는 가녀린 소녀
그리 가을 길에 선다

무광의 꿈

난 못생긴 무광

사람 입맞춤보다 화병에 걸터앉아

하얀 뿌리 내리고 초록 이파리 내어

겨우내 생명 노래 부르다

봄날 지상에 옮겨져 한생 더 살리라

꽃무릇

내내 푸른 그리움으로
솟구쳐 오르다 스러진 자리
꽃대 올려 두리번거리던
그 모습 보이지 않아
오열하는 꽃무릇

풍경

비 갠 산책길
초록 짙어진 새로
호박꽃이 아침을 열자
부지런한 꿀벌
꿀 따느라 분주하다

희망 노래

누가 알았을까
저 주검의 더미에
슬그머니 들어선 씨앗
하트 이파리 이불 펼치고
희망 노래 부를 거란 걸

폭염

저녁 노을에 얼비치는
내일의 폭염을 본다
깊숙하게 내려앉힌 부아
끓이고 끓이다 내어 놓은
붉디붉은 반구의 피눈물

시인의 눈

비지땀 흘리며
고추 따던 농부 시인
움푹 파인 기형 고추들
말간 시선으로 그려낸
아기 공룡 전한다

비상

땅을 향한 원칙 벗고
쑤욱 위로 솟구쳐
하늘 우러른 저 매발톱꽃
갈매기 조나단처럼
고독한 비상 꿈꾸는 걸까

희망의 노래

아침 산책길
말간 하늘로 울려퍼진
산까치 인사
힘찬 하루 예고하는
희망의 노래다

다시 봄

긴 시간
절망만 노래하던 그루터기
근원 벗지 않고
송신해 오는 뿌리 힘 입어
다시금 봄을 맞는다

운명

내 안의 또 하나의 꿈
슬그머니 내어 키우는데
공존은 안 된다
쓰윽 잘려나간 자리
꿈꾸던 나이테만 휘돌고 있다

근원을 읽는다

무한을 꿈꾸며 솟구치다
팔다리가 잘려 뭉툭해진 몸
겨우내 절망으로 신음하더니
다시 새움 낸 감나무
그 깊은 근원을 읽는다

시의 봄

연거푸 소나기 지나고
거미줄에 햇살 걸린 날
냉이 한 줌 캐어와
토장국 끓여 먹으면
내 시도 봄을 맞을까

구절초

탐욕으로 눈먼 자들아
옥정호길 굽이굽이 돌아
소나무 그늘 환하게 밝히고
어둔 세상 하얗게 덧칠한
구절초 사랑을 보러 가라

서리꽃

늦가을까지

하늘 우러른 저 붉은 열망

차마 지울 수 없어

밤새 된서리 내려

저리 냉각했을까

생명성

한여름 폭염에도

굴하지 않는 생명성

화단 바위 틈새로

보랏빛 꽃잎 펼쳐

지나는 길손 부른다

봄날의 소묘
- 꽃나들이

동네 한 바퀴 산책하는 하오
봄비 힘 잡아 깨어난 꽃들
봄 햇살 손잡고 봄나들이 나왔다

홍매화 꽃잎 펼쳐 속눈썹 치켜세우고
수줍은 봄 까치 초록 잎 사이 숨바꼭질하면
금잔화도 질세라 그 속으로 숨어든다

봄바람 난 명자꽃 담을 넘어
광대풀꽃 곡예 구경 중이고
내내 솜털 옷깃 세우고 고고하던 목련도
화들짝 치마 펼쳐 하늘 우러르는데
그 옆 머리 맞댄 목련 꽃망울
아직 이르다며 수군거린다

나뭇잎 눈 밝히다

가을 길 걷다
회빛으로 스러져 가는 낙엽 더미에서
두 눈 밝히고 있는 갈빛 나뭇잎을 보았다
봄날, 푸른 꿈꾸던 이파리 위로
스물스물 기어오른 벌레 한 마리
야금야금 갉아먹을 때만 해도
저리 눈 밝혀줄 줄 알았을까?
벌레에게 살아갈 힘 내어주고
두 눈 받은 나뭇잎
어떤 추억을 더듬는 중일까

까치밥

보라
저 겨울 빈 하늘을
후끈 달구는 까치밥
노모 젖가슴처럼 처지고
검버섯 피어도
겨울 나는 날짐승에겐
이듬해 봄으로 가는
젖줄 같은 생이밥
까치 한 마리 다녀갔는지
살 찢긴 끝자락엔
단물 한 방울 맺혀 있고
젖 줄 때 놓친 홍시
젖몸살을 앓는 중이다

일출

보라
하늘과 산이 맞닿은 회음부를 찢고
말간 새벽을 여는 산자락의 산고
눈물겹도록 아름답지 않느냐

힘내라 힘!

바람 산파의 독려 소리
산등성이 따라 휘돌면
뼈 물러나는 고통이 밀려오는지
산 뒤편 하늘이 벌겋게 달아오른다

채 어둠을 벗지 못한 대지 물상들
숨죽여 묵언기도로 힘 보태는 시간
태초부터 이어온 도돌이표 음계로
얼굴 내미는 저 말간 해둥이
울음보다 힘찬 빛으로 대지를 깨운다

어머니의 어머니, 그 어머니의 어머니
대를 이어온 눈물겨운 산자락 산고
탯줄처럼 길게 뻗은 빛 띠 사이로
밤 빗장 문 열고 나온 생명들
저마다의 소망 품은 기지개를 켠다

봄동의 노래

나는 은밀하게 잎 포개어
속내를 감추는 가을 배추 아닌
겨우내 언 땅에 몸 펼쳐
하늘과 맞서는 당당한 봄동이다

북풍한설도 두렵잖다
매서운 시련만큼 단내 나는 몸
푸르디푸른 이파리 넓히려
진솔한 노오란 싹을 내고 낸다

오랜 갇힘과 시큼한 것이 싫은 사람들아
내 밑둥 잘라 봄의 노래 불러라
동지 지나 뿌리마다 봄물 흘러
달래 냉이 씀바귀 움칠대고
배고픈 시대 힘이던 보리 솟구친다

봄을 부르는 당당한 것들아
다 함께 봄문 활짝 열고서
남풍 부는 희망의 들판이 되고
밥상 위 입맛 돋우는 봄맛이 되자

약동

맵찬 기운에
숨 죽인 대지의 생명들
동지 지나 흙살 부드러워지면
햇살 기운 힘 입어 태동을 시작한다

입춘 지나 만삭이 된 대지
하얀 눈 시트처럼 덮이고
날카로운 칼바람 스치면
흙살마다 실금이 그어진다

그 사이 고개 내민 생명들
울음 대신 파릇한 이파리 내면
논에선 땅 뒤집는 트랙터 소리 요란하고
시골 마을 아지매들 덩달아 부산을 떤다

해련아, 냉이 돋았더라

답심아, 나물 캐러 가자

노인정 삼봉치기 뒤로한 채
바구니 옆에 끼고 부랴부랴
봄 나물 찾아 들녘 휘돌며
달래 냉이 씀바귀…
봄 향기 가득 밴 봄나물을 캔다

긴 겨우내 움츠렸던 가공산도
기지개를 켜는지 한 치 높아 보이고
뒤안 대숲 새들도 들판으로 가기 전
회의 중인지 소란스럽다

하늬바람에 할미꽃 피어난다

겨울 옷 벗고 봄문 열듯
땅끝 해남에 불어온 문해사* 바람
못 배워 속앓이하던 할매들의 한
품어안아 녹이는 봄바람이다
전쟁으로, 여자여서
학교 근처도 못 간 할매들
자식 출가하고 영감 떠난 뒤로
자식의 살가운 편지마저
까막눈이라 이장 찾아 줄달음치던
겨울 장막 같은 갑갑한 세월
하늬바람 산들산들 다가가
들어주고 일깨워주는 소통으로
청맹과니 벗은 할매들 마음 속마다
파릇한 새 잎 부리처럼 돋아나고
내내 밑둥에 내려앉힌 사연들
수줍은 할미꽃 시를 피우는 중이다

* 문해사 : 한글을 모르는 사람들에게 글을 이해하고 쓸 수 있도록 가르치는 것을 넘어 변화된 일상생활에 적응할 수 있도록 도와 행복한 삶이 되도록 돕는 사람이다.

등 굽은 그림자 연서를 읽다

바람도 잠이 들고
해님도 잠이 들어
윤슬마저 일지 않는 날
강진 병영 하고저수지에서
그 정적을 깬 연줄기 구성을 본다

진흙펄에 뿌리 내려도
늘 말간 하늘 그리는 마음
마디마디 구공탄처럼 뚫린 사이로
솟구치고 솟구친 정화의 물
푸른 이파리 받침 넓게 펼치고
연꽃 피워 우러르던 날들로 모자랐을까

한해살이 추억 구부린 등 그림자로 내려놓고
보글대는 진흙펄 가스로 몽롱해진 날
수면 위마다 채 전하지 못한
서글픈 연서 마무리 중인지
피카소 붓터치 같은 구성이 난무하다

그 자리 그 모습
- 얼음땡놀이

봄 파종 위해 흙살 뒤집어 놓은 들판
우두커니 선 트랙터, 길목에 누운 자전거
몇 날을 지나쳐 보는데도
얼음땡 놀이하듯 그 자리 그 모습

이랴 어서 가자
우직한 소 재촉하던
묵직한 농군 목소리 같은 겨울바람
채찍질하듯 스치는데도 여전히 그 자리 그 모습
코로나로 황폐한 세상 못 미더워
새해 벽두부터 신설로 봄 이르다 토닥거리고
연일 폭설로 하얀 장막을 쳐서 그 자리 그 모습

봄바람아, 살랑 불어와 툭 건드려 줘
얼음땡으로 겨울 빗장 밀어내고
농군의 손이 되어 탈탈탈
농군의 발이 되어 씽씽
분주한 봄소리로 그 자리 그 모습 벗어나게

사상누각에 얼비친 청개구리 우매

도심 한가운데 사상누각이 있다

보아라
저 무너진 사상누각에 얼비친
청개구리 우매

물결 일지 않았는데
바람 한 줄기 지나지 않았는데
와르르 무너진 신축아파트

꺼이꺼이 울지만 말고
하나하나 더듬어 보자

거꾸로 행하던 망나니 삶
땅처럼 굳건한 어머니 유언에도
물길 옆에 무덤 둔 잘못

한 치 더 휘어지는 시간

기억하라

뼈 내린 버거운 겨우살이
낫처럼 등이 휘어도
폐지 줍는 할머니

물가는 오르고
폐지는 내리고
한 끼 국밥 값도 힘들어
한 치 뼈 더 굽혀지는 시간

매화 민들레 머위 봄까치
봄손님 부르는 봄바람마저
뼈 속 스며드는 냉랭함이다

흙살의 노래

텃밭 흙살을 헤집는다
오랜 가뭄 끝 한 차례 소나기 지나가도
금세 말라버린 흙, 목마른 절망을 전한다

호미마저 거부하는 굳은 땅
쩡쩡 쇳소리 내며 닫혀 버린 속내 전해 온다
어쩌면 사람살이도 저 흙살과 같은 것
오랜 절망을 품어주고
살가운 이해로 보듬어 안고
뿌리내린 이들에게 힘 실어
희망 노래 부르게 하는 것

흙살 고르게 펴서
참깨 콩 녹두 토란 심어두고
잘 품어 싹 틔우길 기다리던 날,
흙살 들리우고 얼굴 내미는 새순들
참으로 힘겨운 일을 해냈다
저게 바로 희망 품은 것들의 약동인 게다

지상을 떠나 별이 되는 시간

새벽녘 요란한 빗소리
지붕을 후려치고
수탉 홰치는 소리까지 더해
몽중인 자아를 뒤흔든다

지상을 떠나 별이 되는 시간
흔들리지 않는 묵직한 육신
침상을 벗어나지 못하고
가벼운 귀만 창 쪽으로 향해
단비 소리 흡입하는 시간

"4반 ○○○ 별세하셨습니다."
소나기 밀치고 마을 휘돌며
아침을 여는 스피커 소리
독거 할머니 부고다

담쟁이 담과 지붕을 덮고
거미줄만 늘어가는 집 ,별을 우러르겠다

에스프레소는 나를 시험한다

언제인지 모른다
진한 커피 향에 매료된 것이

사약처럼 혀를 질식시키진 않아도
오랜 시간 쓰디쓴 고배처럼
입안을 맴돌며 인생의 뒤안까지 뒤엎는
사념에 잠길 수 있는 맛

검은 휘장처럼 가리워진 액체는
속내를 드러내지 않는
선글라스 속 은밀처럼 매력을 품었다

뒤에 찾아드는 위장의 뒤틀림이야
일상 탈출을 꾀하는 도전의 발상처럼
내 안의 묘한 끼를 부추기는 광대다

이 맛에 길들여진 나는
카페에 들어서면
그 어느 것과도 섞이지 않은
본연의 커피 맛 에스프레소를 주문한다

내 시도
세인들 내면까지 흔들었으면 하는
오만한 발상으로…

텃밭공화국

씨 흩뿌려 두면
오종종 몸 붙여 나온다
하늘 우러른 꿈
꿈 노리는 해충
잦은 비바람 추궁
텃밭공화국도 세상공화국

나만 살면 된다는 돌산갓
솎아내어 사이 넓혀 주니
그 아래 빛도 물도 빼앗긴
구멍 난 이파리 달고
더디 올라오는 여린 갓
텃밭공화국의 피폐다

기계에 낀 견습생
쉴 틈 없는 택배원 과로사
채 날개 펼치지 못하고
생 마감한 세상공화국 피폐도 얼비친다

지금, 텃밭공화국도 세상공화국도
더불어 행복함이 시급하다

소통

우린 사는 동안 스쳐 지나가는 것들을
얼마나 눈여겨볼까

"엄마, 도망가지도 않고 쳐다봐
 고양이 엄마가 꼼짝 말고 있으라 했나 봐.
 데려다 키우고 싶을 정도로 귀여워.
 그러나 예전 엄마 옷자락을 잡고 가다
 내 마음대로 다른 길을 가는 바람에
 엄마 가슴을 아프게 했던 일이 생각나 속삭이듯 말했어.
 '고양아, 꼼짝 말고 엄마 올 때까지 기다려야 해.' 하고 말
 했더니 알았다는 듯 쳐다보았어."

육순에 들고부터 몸이 내려앉고 마음이 무디어져
금방이라도 처마를 떠나 박살이 나는 빗방울처럼 슬픈 네게
조잘조잘 뒤안 대숲 참새처럼
아침잠을 깨우는 청량한 딸 목소리 뒤로
함께 보내온 봄빛 같은 사진 한 장
계단 뒤편에 웅크린 어린 고양이
딸을 올려다보는 동글한 눈이 선하다

生의 書

흙살 스민 곳이면
가리지 않고 뿌리 내려
철없이 피고 지는 민들레야
하필, 시멘트 길 사이냐
끊임없이 위험 도사리는 길
그 무엇에 채여 누웠느냐
시들지 않고 햇살 품은 얼굴
끊기지 않은 혈맥으로

피 같은 젖을 송신하던
짙푸른 이파리의 힘이었구나
그 어미마저 누워버린 새해 아침
언 땅에서도 생을 건너 사로,
다시금 생을 품는 하얀 홀씨들
얼기설기 손 부여잡고서
머잖아 봄 짙는 땅으로 데려다줄
바람 산파 기다리고 있구나

이젠 시들해졌나 봐

안 보면 보고 싶던 시절
시냇물 흐르듯 지나가버리고
얼굴 가득 검버섯 늘어가는 사이

마주하는 눈동자 돌려
먼 추억만 더듬는 육순 길
등 돌린 저 새들처럼
우리 사이도 시들해졌나 봐

그래도 정만은 끈끈이처럼 늘어져
저리 꼬리 맞대고 앉은 듯
말 없는 믿음으로 살고 있나 봐

늦가을 서정을 노래하다

푸르던 청춘 벗고 내보이던
발그레한 사랑까지 내려놓으려니
미움도 사랑도 다 부질없다

가지 새로 부는 갈바람
여위어 가는 가슴으로 파고들어
내리고 또 내리는 생자락

갈바람에 휩쓸려 바스락거리는 늦가을
봄 짙는 꿈으로 들어서기 위해
잎 내린 가지에 겨울눈[芽] 솟구친다

거름

감나무 아래 두엄
텃밭 일구려고 뽑아낸 잡초며
쉼 없이 올리는 잡초 뽑아 쌓아둘 때만 해도
앞산 바라보는 언덕배기처럼 당당했다
장맛비에 대가 무너지고
푸릇하던 생기 진물로 흐물어지면
찰나를 놓칠세라 날아든 쇠파리, 하루살이
원초적 태자리처럼 산란이 시작되고
햇살 기운 힘입어 알에서 깬
애벌레들 약동이 시작된다
야금거리는 횟수만큼 내려지는 오만
내재된 허세 다 쏟아내는 중인지
독한 내음 마당을 휘돈다
대지와 융합되려면
썩어 문드러져 누군가의 밑거름이 되는 것
흙으로 환원되기 위해 스러지는 두엄
그 앞에서 경건해지는 오후
우리네 살이도 저처럼
후세를 위한 밑거름이 되었으면 좋으련만
여전히 세상은 자리싸움으로 요란하다

여름 끝자락 노래

나팔의 노래 햇살로 번지고
댓잎의 노래 바람으로 번지고
매미의 노래 정자를 휘돌고
하늘의 노래 우물로 내려앉고
아줌마의 노래 이불빨래로 휘날리고
텃밭의 노래 조랑한 열매로 맺히고
농부의 노래 알알이 이삭으로 여무는
처서 지난 여름 끝자락 노래 노래들
밀려날 줄 모르는 늦여름
쨍쨍한 폭염과 저리 맞서며
청명한 가을맞이로 분주하구나

해다! 말갛디말간 햇살

내내 먹구름에 갇혔다 회빛 장막 걷고
얼굴 내민 저 말갛디말간 햇살
진득한 거미줄 사이로 내려와
가슴 언저리 묵은 체증 내려앉힌다

긴 잠에서 깨어난 매미, 장맛비 속울음 벗고서
우렁차게 짝 향한 노래, 동네 어귀 정자를 휘돌면
마을 어른들 하나 둘 정자로 모여
마스크 새로 서로의 긴 안부를 묻는다

탈탈탈 – 탈탈 – 탈
내내 녹을 키우던 농기계, 논으로 향하는 시간
곳곳 내려앉은 곰팡이 쫓으려 문이란 문, 다 열어젖히면
금세 알고 달려온 바람, 곰팡이 엎고 줄달음 친다

코로나로 손은 놓아도 맘 여전한 사람들
질타하는 빗물에 허둥대는 사연
카톡 주고받으며 견디던 기운이
저 말간 햇살을 불러냈나 보다
저 신명난 바람을 불러왔나 보다

잉걸불

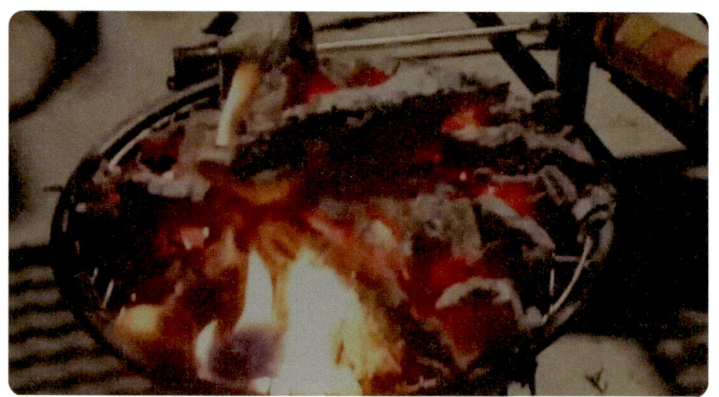

타오르고 타오르다
멈칫거리는 저 불기운
잠시 숨고르기 하는 걸까
깊디깊은 속내까지 달궈진 채
스스로 다독이는 잉걸불
어쩌면 이 가슴에도 저리
다 피우지 못하고
머뭇거리던 열정 숨었는지
묻어둔 추억의 장 열고
가만가만 짚어보는 가을 밤

꽃

보라
초록 사이 저 현란한 꽃들
다음 세대 올곧은 자유를 위해
벌, 나비를 부르는 혁명의 깃발이다

꽃샘바람 불어와 꽃 대궁을 부러뜨리고
세찬 빗줄기에 수술 끝 화분 씻기어
봄꿈마저 결박당한 서러운 날들
하늘하늘 털어내고 다시 피운 자유의 꽃

역사의 물길 따라 굽이치는 소용돌이에
화르르 지상으로 낙화된 아픈 상흔마다
새 살 돋듯 피워낸 민주의 꽃
이듬해 봄 짚는 종자로 단단해지려
초록 사이사이 혁명의 깃발을 세우고
머잖아 찾아올 초인을 기다리고 있다

수평의 바다를 만나고 싶다

문득
각진 일상을 접고
드넓은 바다를 만나고 싶다
서로의 심장을 찌르는
뾰족한 하루를 벗어나
말없는 섬의 포용과
수평의 바다를 만나기 위해서다

혹여
파고로 밀려와 속을 뒤집어도
철썩이는 소리로 귓속을 후벼도
구름 한 점 없는 하늘
그 하늘을 품은 바다처럼
위·아래 빈·부 가리던
수직살이로 볼 붉던 날들 부리고
마주하며 서로를 수긍하는
수평의 편안함에 안기고 싶어서다

여름 일기

내내
건장마로 불볕만 보내더니
웬걸, 심중에 변화가 왔을까
밤새 눈물샘 터진 하늘이
천지 흔드는 우레로 목놓아 울었다

이제 좀 후련해지셨나?
오후엔 말간 하늘에 뭉게구름까지 두둥실
모처럼 몽실대는 구름 손짓에
부푼 가슴 설레어 논길 찾은 아낙들
일렁이는 모들춤에 엉덩이 실룩이며
푸름 자랑하듯 앞서 걷는다

새벽 다섯 시 논물 틀어 주고
조석으로 밭두렁 지심 매던 엄니들
가물어도 넘 가물다며 투덜대더니
모처럼 시원한 비에 신바람 났다

황량한 시간 이겨낸 불끈한 힘들
넘실거리는 벼 사이 알곡 들고
밭두렁마다 대롱한 고추 붉어지겠다

무지개떡

저 수십억
꽃송이가 어우러진
무지개떡을 보라

코로나 잦아지고
곳곳에서 열리는 축제
기념하는 떡이다

저마다 저 무지개떡
가슴에 품고, 어깨 쭉 펴고서
희망 노래 부르자

머리를 감으며

잡념을 털어내는 듯
샤워기에 머리통 들이대면
정수리부터 감지되는 카타르시스
오르가슴보다 더한 희열이다

머리카락 세포마다 밴 온갖 사념들
하얀 거품 부풀어 올라
수챗구멍으로 흘러내리면
검은 빛깔 속 투명함이 번득인다

수건 감싼 촉촉한 머릿결
드라이 바람결에 살랑이면
정화된 자아 민들레 홀씨처럼
말간 하늘로 날아오른다

앵두

유월 바람 드나드는 이파리 새로
물 올라 얼굴 내민 앵두
고혹적인 마릴린먼로 입술

햇살 내려와 한나절 품다 가고
참새들 툭툭 건들더니
오가는 사람들까지 입맞춤이다

곁가지 앵두 입맞춤으로
성에 차지 않은 듯
앵두 탐하는 눈빛 위로 향하는 걸까

그 아래 도라지 국화 카네이션
밟혀 꺾이고 뭉개지는데도
가지가지 숨은 앵두 보쌈 중이다

사골국에 만 밥

어머니, 사골을 끓여요

포르르 삶아 핏물 걷어내고
일생 동안 버티고 남겨진 골수
우려내려고 끓이고 또 끓여요

몇 겁 거쳐 우직한 소 되었는지
그 생 자락 알 수 없지만
일어날 때면 끙 소리 내
뜨끈한 방에 등 대면 뼈아픔 가시는 나이
사골국 한 사발에 만 밥 목 넘김 좋네요

쩍쩍 달라붙는 진한 국물
소금 한 꼬집 넣어 한 사발씩 마시게 하고
마지막 허여멀건 국에
보리밥 말아 드시며 맛나다 하신 어머니

이제야 알겠어요
한 짐 몸 일으켜 어기적어기적 걸어
사골국물 솥 들여다보고 또 보던
당신 뼈 내린 사골국이었음을…

늙은 애호박의 꿈

여름내,
초록 이파리 실루엣 너울너울
앙드레김도 부러워할 담장
초가을 폭우에 훌러덩 벗었다

회벽 훤히 드러난 알몸뚱이 위
이파리 그늘에 숨어서
찌개 넘어 호박죽 꿈꾼 호박
길게 누워 구름 비켜간 하늘 보며
쨍쨍한 가을 햇살에 맞선다

꽉 찬 속 비워 속 헐거워진 호박
달근한 맛으로 들어서기 위해
대숲 새들 노래 가락 담고
바람결에 실려 온 국화 향 품으며
달빛이 되려고, 별빛이 되려고
제 몸 싯누렇게 태우고 있다

거꾸로 가는 시계

쉰 언덕에서 만난 동창들
메말라 버석대는 가을 잎처럼
얼굴 가득 주름 자글하지만
생각은 거꾸로 가는 시계
뺨마다 복사꽃 품은
까까머리 단발머리다

코흘리개, 쌍둥이 같은 단짝
울보, 입 바른 아이
"그래, 그래!"
"맞아, 맞아!"
"그땐, 그랬어."
벽시계도 귀 쫑긋 세우고
지나온 시간 함께 더듬고 있다

봄비가 여는 봄

해를 삼킨 구름이
밤새 바람으로 휘돌더니
아침엔 긴 흐느낌이다

기억조차 하얗게 가물거리는 겨울 장막
그 깊이 채 가시지도 않았는데
봄비 흩뿌려 잠든 것들을 깨운다

각질로 일어나는 지난 시간들의 흔적
하얀 안개비로 흩어져 가물거리면
그 틈새 놓칠세라 스며드는 빗물에
굳게 닫은 빗장 스르르 연다

꿈에서라도 다시 만나기를 갈망하며
가지 틈새에 숨겨둔 촉들
물관 따라 흘러들어온 봄비를 홀짝거렸을까?

비 갠 뒷산 연초록 이파리가 선연하면
한 자락 뒷산 바람 창으로 불어와
봄물 오른 상큼한 봄을 전한다

가을 산을 데우다

모닥불을 피워서
가을 산의 냉기를 데운다
심술 맞은 숲 바람
순한 불길 화를 돋아
벌건 혀 날름거리면
타닥이는 장작의 아우성
놀라 주춤 뒷걸음치는데
머리 위 단풍나무 이파리
까르르 몸까지 젖혀 웃느라
모닥불처럼 달아오르고

복사꽃이 되는 날

복숭아꽃 만개한 월등마을 야외수업날
가는 내내 회빛 구름 따라와
부푼 맘 내려앉혀 어두웠는데
벙그런 복사꽃 새악시 미소로 맞는다
연분홍 치마 고운 자태에
노시인도 복사꽃 속에 묻혀 소년이 되고
허리께로 손이 자주 가는 중년 여인들 복사꽃 되어
사진 속 소녀로 판각되는 시간
봄향 품은 취나물 캐는 할머니 입가에도
복사꽃 웃음 사르르 피어 오른다

나나니벌로 휘돌다

신안 임자도 튤립축제장 입구
튤립 꽃망울 배경 삼은 유리 액자 속
꽃님이 환하게 웃고 있다

불현듯 찾아들어 시시비비 가리자더니
소리소문 없이 떠난 후
연일 꼬리 문 꽃님 얘기들
옹송거린 튤립마다 두런댄다

나나니벌로 휘돌며
그 속내를 헤집어도
꽃잎 가리막 친 튤립들
꿀먹은 벙어리다

햇살에 꽃잎 내리고
씨방 세운 대궁들마저
꽃샘바람에 맞서듯 연거푸 도리질이다

혹여, 들리는 헛소문에
순백을 덮어버린 색
이듬해 밑둥으로 내려앉아
변이된 튤립으로 필까 두렵다

연산홍

봄 햇살에 피어난 연산홍
서로 떨어지지 말자며
찐득한 손 부여잡고서
첫사랑 열정 불태우고도
다 채워지지 않았나 보다
초록 잎 사이사이 꽃잎들
인도로 내려앉은 꽃잎들
불현듯 찾아든 꽃샘바람에
손길 놓은 별리로
저리 붉은 오열 쏟고 있다

합평

밤새 시를 낚는 중이다
마음 바다에 낚싯대 드리우고
돔처럼 퍼덕이는 시를 꿈꾸는 시간
일렁이는 생각의 미끼
지나가는 시마들의 입질
부푼 마음으로 올려보면
낚싯바늘만 휑하다
새벽녘 시를 낚았다
입 큰 우럭 같은 시
도마 위에 놓고 합평을 한다
덧씌워진 비늘 벗기고
군더더기 지느러미 잘라내고
위장된 껍질까지 벗겨내니
하얀 속살 드러난다

장꽃

어머니 품처럼 둥실한 장독에
깊은 산 정기 품은 사또 약수
바다 속내 밴 소금
땅심 품은 메주 여섯 덩이
정갈한 마음으로 담아두고
여든 세월 삭혀온 당신의 속내 같은
깊디깊은 장맛을 기다립니다

말간 물이 메주 빛을 띠다
밤빛으로 짙어질 무렵
육남매 키우느라 힘겹던 시절
울컥울컥 토해내는지
하늘 드리운 장 위로
찔레꽃 닮은 하얀 장꽃이 피었습니다

항아리 미세한 구멍으로
햇살과 바람이 드나들며
할머니가 어머니에게
이제는 내게 전해진
속 깊은 장맛이 되는 것일까
장독 뚜껑을 열 때면
짭조름한 장 내음이 코끝을 간지릅니다

유리창을 닦으며

먼지 끼고 손자국 난 창을 닦는다
들고 나며 여느라 새겨진 손자국
내내 게으름 피워 먼지 낀 얼굴
물걸레 마른 걸레로 닦고 나니
구름 유유히 흐르는 가을하늘이 들어선다
아니 이미 들어와 있었는데
게으른 맘이 눈여겨보지 않은 것
창으로 들어선 가을 하늘 보며
베란다 방아꽃 치켜세워 우러르고
다시 꽃 피워 올린 장미 괜스레 얼굴 붉히는데
내 마음의 때도 이리 벗기면
심중에 은거된 말간 시 한 수 들어설까

그늘

연일 달아오른 폭염 피해
몽산포로 캠핑 간 남편
천리포수목원 산책하다
지난여름, 수목원 옆에 두고
뙤약볕 내리쬐는 바닷가 모랫길을
시오리나 걷게 해 미안하다며
나무 그늘 사진을 보내왔다

젊은 날, 뙤약볕처럼 쏘아대며
자그마한 실수도 타박하더니
내리고 부리고 이해하고
서로의 그늘이 되어가는 시기
잊고 산 일까지 되짚어서
미안함 전하는 남편의 메시지
듬직한 등 그늘로 내려앉는다

풀린다는 것은 소통이다

장식함 속 목걸이들
서로를 건 채 얽혀 있다

정리되지 않는 자유로움이
서로의 자릴 침범해
저리 꼬여 버린 것

처음으로 되짚어 골 푸는데
꼬이고 꼬인 감정들이
서로를 문 채 한 치의 양보도 없다

얽힌 사연 더듬어보니
한 길, 두 길 오해가 풀리고
장미 목걸이 자유롭다

| 에필로그 |

스쳐 지나는 것에 시선을 두고,
그 찰나를 담아 시로 운율하다

우린 살아가면서 스쳐 지나는 것을 얼마나 눈여겨볼까?

이는 이번 3시집에 수록된 '소통'이라는 시의 한 구절이다. 이 시에서 보듯 수없이 많은 순간들이 스쳐 지나고 그 순간들을 마음에 두기는 더한층 어려운 일이다. 하지만 관심이라는 눈으로 보면 이 세상 물상들이 전하는 깊은 내력이나 사연들을 유추할 수 있을 뿐 아니라 그들이 전하는 메시지를 읽을 수 있음을 사진을 찍기 시작하면서 알게 되었다.

봄을 맞은 시골 마당엔 돌 틈 사이사이 앙증맞은 꽃들이 피어 하늘거리고 있다. 며칠 전까지 보이지 않던 민들레가 노란 꽃을 피워 봄이 왔다 전하고, 그 옆에는 보랏빛 제비꽃이 민들레 강렬함에 숨죽이듯 고개 숙이고 있다. 또 구석진 곳에는 긴 목을 빼고 자라는 광대풀이 층층 계단처럼 올린 이파리 속에 빨간 꽃망울을 감추고서 곡예인 양 바람에 하늘대고 있다.

어디 이쁨일까? 얼마 전까지 바닥에 납작 잎을 붙이고 있던 냉이와 봄동은 줄기를 세워 꽃을 피웠고 담 옆과 화단엔 겨우내 잠적했던 잎눈들이 토독토독 불거지는 중이다. 이 모두 눈여겨보지 않으면 일상처럼 지나갈 일이지만 가까이 가 마음의 눈으로 바라보면 그들은 어김없이 그 무엇인가를 전하고 있다.

우물 옆 화단에 있는 사철나무가 이상하게 둥그렇게 자라지 않고 길게 뻗어 자세히 보니 뿌리 부근에 산나리 세 뿌리가 제 집인 양 자리를 잡고 있었다. 하여 산나리 새순을 파 다른 곳으로 옮겨 심었다. 그냥 스쳐 지나쳤다면 사철나무가 그 뿌리에 치여 구부린 상태로 자랐을 거다.

이처럼 애정 어린 눈으로 보면 결코 지나칠 수 없는 그 무언가를 제시한다. 그래서 지나칠 수 없는 것에 시선을 두고 오랫동안 바라보거나 그것도 부족하면 셔터를 눌러 저장했다 다시 보면서, 보이는 사실을 넘어 그들이 전하고자 하는 대상에 대한 직감적인 발견력이 필요하다는 결론을 얻었다. 그 예로 나뭇잎에 눈처럼 구멍이 난 사진으로 생전의 나뭇잎이 벌레와의 사투가 그려졌고, 그 사투로 잃은 몸에 주어진 눈에 대한 생각이 직감적으로 와 쓴 사진시다.

한편 사진을 찍기 전 눈으로 보는 순간 의미까지 전하며 다가온 찰나도 많다. 서로 등을 돌리듯 담에 앉아 있는 참새 사진으로, 사랑이 아닌 정으로 사는 중년 부부 모습이 떠올랐고, 박스를 잔뜩 싣고 가는 할머니 뒷모습에서 각박한 삶이 전해졌다. 그리고 무지개떡처럼 정리된 꽃밭은 코로나를 벗어난 것을 기념하는 것이라는 생각이 보는 순간 전해졌다.

시골에 살다보면 이런 찰나의 순간들이 나를 붙든다. 창으로 들어서는 말간 햇살의 눈부심이 그렇고, 귓가를 간질이듯 들려오는 새들의 조잘거림 또한 내 시선을 붙든다. 어디 이뿐일까 긴 겨울 장막을 벗고 슬그머니 고개 내민 머위 순, 낭창한 나뭇가지 사이사이 툭 불거져 나오는 개나리 꽃눈 등 하루에도 수없이 많은 사물이 스치는데도 일상의 반복이기에 눈길만 주곤 돌아선다.

이렇듯 사는 동안 스쳐가는 것들을 눈여겨보기보다 그냥 지나쳐 버리거나 관심조차 두지 않는 경우가 대부분이다. 반면 평소와 다른 형태로 다가온 찰나는 오랫동안 들여다보기도 하고 간직하고 싶은 것은 사진을 찍어 보관하기도 한다.

사진이란 물체의 형상을 감광막 위에 나타나도록 찍어 오랫동안 보존할 수 있게 만든 것이다. 하여 사람들은 결혼식, 기념일, 여행 등 오래 기억하고 싶어 하는 것을 사진으로 찍어두고 그 사진을 보며 지난 일들을 더듬어 추억한다. 나 역시 일반인처럼 기억하고자 하는 것들을 사진으로 찍어 추억하곤 했다.

그런데 몇 년 전 겨울 나목에서 보여준 나무의 길이 시선을 넘어 맘까지 붙들었다. 가지가지 휘어지고 뻗어간 나뭇가지가 바로 나무의 길이라는 맘의 눈이 걷던 걸음을 멈추고 관망하게 하였다. 관심어린 시선으로 부족한 나는 모바일 폰에 담아 왔고 한동안 마음의 울림으로 다가온 운율이 「벚나무의 길」이란 시가 되어 첫 시집 『밥은 묵었냐 몸은 괜찮냐』에 게재되었고 한국문인협회 회원들의 공저 시집에 번역되어 해외동포에게 전해졌다.

이렇게 접하게 된 사진은 기자 생활로 이끌었고 사회문화부 기자로서 맛집, 멋집을 소개하는 기사를 쓰기도 했다. 또 거미줄에 걸린 햇살, 의자 등받이가 된 삽자루, 피카소 붓 터치 같은 구성, 등 돌린 참새, 눈이 생긴 갈잎, 까치밥이 된 감 홍시, 잘려나간 나무, 그루터기의 새순, 담장 위 호박, 바위 틈 도라지, 화석이 된 배추, 무지개떡 같은 꽃밭 등 많은 사진들이 모바일 폰에 저장되어 시의 운율이 되었다.

그냥 스쳐 지날 수 없는 찰나의 순간이 렌즈를 통해 전해준 시의 운율이 독자들의 가슴에 오래오래 기억되어 마음에 안착하길 바란다면 욕심일까?